रामधारी

जन्म : 23 सितम्बर, 190

सिमरिया नामक गाँव में हुआ ... के रेलवे हाईस्कूल तथा फिर पटना कॉलेज में हुई जहाँ से उन्होंने इतिहास विषय लेकर बी.ए. (ऑनर्स) की परीक्षा उत्तीर्ण की। एक विद्यालय के प्रधानाचार्य, सब-रजिस्ट्रार, जन-सम्पर्क के उप-निदेशक, भागलपुर विश्वविद्यालय के कुलपति, भारत सरकार के हिन्दी सलाहकार आदि विभिन्न पदों पर रहकर उन्होंने अपनी प्रशासनिक योग्यता का परिचय दिया। 1924 में पाक्षिक 'छात्र सहोदर' (जबलपुर) में प्रकाशित पहली कविता से साहित्यिक जीवन का आरम्भ।

प्रमुख कृतियाँ : कविता–रेणुका, हुंकार, रसवन्ती, कुरुक्षेत्र, सामधेनी, बापू, धूप और धुआँ, रश्मिरथी, नील कुसुम, उर्वशी, परशुराम की प्रतीक्षा, कोयला और कवित्व, हारे को हरिनाम आदि। **गद्य**–मिट्टी की ओर, अर्धनारीश्वर, संस्कृति के चार अध्याय, काव्य की भूमिका, पन्त, प्रसाद और मैथिलीशरण, शुद्ध कविता की खोज, संस्मरण और श्रद्धांजलियाँ आदि।

सम्मान : 1959 में 'संस्कृति के चार अध्याय' पर साहित्य अकादेमी पुरस्कार और पद्मभूषण की उपाधि। 1962 में भागलपुर विश्वविद्यालय की तरफ से *डॉक्टर ऑफ लिटरेचर* की मानद उपाधि। 1973 में 'उर्वशी' पर भारतीय ज्ञानपीठ पुरस्कार। अनेक बार भारतीय और विदेशी सरकारों के निमंत्रण पर विदेश-यात्रा।

निधन : 24 अप्रैल, 1974

कवि की चुनी हुई चौदह
सुन्दर कविताओं का संकलन

कविश्री

रामधारी सिंह 'दिनकर'

लोकभारती पेपरबैक्स

लोकभारती पेपरबैक्स में
पहला संस्करण : 2019
तीसरा संस्करण : 2025

लोकभारती पेपरबैक्स : उत्कृष्ट साहित्य के लोकप्रिय संस्करण

लोकभारती प्रकाशन
पहली मंजिल, दरबारी बिल्डिंग, महात्मा गांधी मार्ग,
प्रयागराज-211 001
द्वारा प्रकाशित

शाखाएँ : 1-बी, नेताजी सुभाष मार्ग, दरियागंज, नई दिल्ली-110 002
अशोक राजपथ, साइंस कॉलेज के सामने, पटना-800 006
1, अनमोल सोराबजी सन्तुक लेन, धोबी तलाव, मरीन लाइंस, मुम्बई-400 002
वेबसाइट : www.lokbhartiprakashan.com
ईमेल : info@lokbhartiprakashan.com

बीके ऑफसेट
नवीन शाहदरा, दिल्ली-110 032
द्वारा मुद्रित

मूल्य : ₹ 199

KAVISHREE
Essays by Ramdhari Singh 'Dinkar'

ISBN : 978-93-89243-81-9

प्राक्कथन

पूज्य राष्ट्रकवि रामधारी सिंह 'दिनकर' को गुजरे छियालीस वर्ष हो गए। अब उनकी 110वीं जयन्ती का वर्ष बीत रहा है।

यूँ तो महाकवि दिनकर जी को राष्ट्रकवि कहा गया है पर महीयसी महादेवी वर्मा ने कहा था कि वे विश्वकवि हैं, क्योंकि उनकी कविताओं में मात्र राष्ट्रीयता की वाणी और उसकी स्वायत्तता का गौरवगान और संघर्ष नहीं है वरन् प्रेम का एक व्यापक क्षितिज है जो उन्हें विश्वकवि की श्रेणी में ले आता है। वस्तुतः दिनकर जी एक ही साथ विश्वकवि, महाकवि, राष्ट्रकवि और जनकवि–सभी हैं। उनकी विभिन्न

कविताओं में भिन्न-भिन्न तौर पर उनके काव्य-व्यक्तित्व का वैशिष्ट्य प्रकट होता है।

दिनकर जी आज भी पाठकों के सर्वाधिक प्रिय कवि हैं और प्रासंगिक भी। उनकी कविताओं में आग है, राग है और अध्यात्म है। उनकी कविताओं का अवगाहन कर प्रतीत होता है कि वे अपने समकालीन कवियों से अलग तरीके से पाठकों के समक्ष प्रकट होते हैं।

दिनकर जी ने कहा था कि सच्चा कवि हमेशा जीवित रहता है–उसके प्रति राग और द्वेष के कारण उसके सामने उसका सही मूल्यांकन नहीं हो पाता। किसी कवि का सही मूल्यांकन उसके निधन के पचास वर्ष बाद होता है। और हम देख रहे हैं, जैसे-जैसे समय गुजरता जा रहा है, दिनकर जी की कविताओं की लोकप्रियता बढ़ती जा रही है।

पूर्व में दिनकर जी की सभी किताबें लोकभारती प्रकाशन से कुछ नवीन स्वरूप और अलग नाम देकर प्रकाशित हुई थीं। अब सभी पुस्तकें अपने पुराने नाम और प्रारूप में प्रकाशित हो रही हैं। आशा है, इससे दिनकर-प्रेमी हिन्दी साहित्य जगत् सन्तुष्ट होगा।

–अरविन्द कुमार सिंह

दिनकर भवन
आर्य कुमार रोड
पटना-800004

अनुक्रम

कविश्री

हिमालय के प्रति

मेरे नगपति! मेरे विशाल!

साकार, दिव्य, गौरव विराट!
पौरुष के पुंजीभूत ज्वाल!
मेरी जननी के हिम-किरीट!
मेरे भारत के दिव्य भाल!
मेरे नगपति! मेरे विशाल!

युग-युग अजेय, निर्बन्ध, मुक्त,
युग-युग गर्वोन्नत, नित महान
निस्सीम व्योम में तान रहा,
युग से किस महिमा का वितान।
कैसी अखण्ड यह चिर-समाधि?
यतिवर! कैसा यह अमर ध्यान?
तू महाशून्य में खोज रहा
किस जटिल समस्या का निदान?
उलझन का कैसा विषम जाल
मेरे नगपति! मेरे विशाल!

ओ, मौन तपस्या-लीन यती!
पल-भर को तो कर दृगुन्मेष!
रे ज्वालाओं से दग्ध, विकल
है तड़प रहा पद पर स्वदेश!
सुखसिन्धु, पंचनद, ब्रह्मपुत्र,
गंगा यमुना की अमिय-धार
जिस पुण्यभूमि की ओर बही
तेरी विगलित करुणा उदार।
जिसके द्वारों पर खड़े क्रान्त
सीमापति! तूने की पुकार—
'पद-दलित इसे करना पीछे
पहले ले मेरा सिर उतार।'
उस पुण्यभूमि पर आज तपी!

रे! आन पड़ा संकट कराल,
व्याकुल तेरे सुत तड़प रहे,
डँस रहे चतुर्दिक् विविध व्याल।
मेरे नगपति! मेरे विशाल!

कितनी मणियाँ लुट गईं! मिटा
कितना मेरा वैभव अशेष!
तू ध्यान-मग्न ही रहा, इधर
वीरान हुआ प्यारा स्वदेश।
कितनी द्रुपदा के बाल खुले,
कितनी कलियों का अन्त हुआ;
कह हृदय खोल चित्तौर! यहाँ
कितने दिन ज्वाल-वसन्त हुआ!
पूछे, सिकता-कण से हिमपति!
तेरा वह राजस्थान कहाँ?
वन-वन स्वतन्त्रता-दीप लिये
फिरने वाला बलवान कहाँ?
तू पूछ अवध से, राम कहाँ?
वृन्दा! बोलो, घनश्याम कहाँ?
ओ मगध! कहाँ मेरे अशोक?
वह चन्द्रगुप्त बलधाम कहाँ?
पैरों पर ही है पड़ी हुई
मिथिला भिखारिणी सुकुमारी,
तू पूछ कहाँ इसने खोईं
अपनी अनन्त-निधियाँ सारी?

री कपिलवस्तु! कह बुद्धदेव
के वे मंगल-उपदेश कहाँ?
तिब्बत, ईरान, जापान, चीन
तक गए हुए सन्देश कहाँ?
वैशाली के भग्नावशेष से
पूछ लिच्छवी-शान कहाँ?
ओ री उदास गंडकी! बता
विद्यापति-कवि के गान कहाँ?
तू मौन त्याग कर पूछ आज,
बंगाल, नवाबी-ताज कहाँ?
भारत का अन्तिम ज्योति-नयन
मेरा प्यारा 'सीराज' कहाँ?
तू तरुण देश से पूछ अरे!
गूँजा कैसा यह ध्वंस-राग?
अम्बुधि-अन्तस्तल-बीच छिपी
यह सुलग रही है कौन आग?
प्राची के प्रांगण-बीच देख
जल रहा स्वर्ण-युग-अग्निज्वाल
तू सिंहनाद कर जाग तपी!
मेरे नगपति! मेरे विशाल!

रे! रोक युधिष्ठिर को न यहाँ,
जाने दे उनको स्वर्ग धीर!
पर, फिर हमें गांडीव-गदा,
लौटा दे अर्जुन-भीम वीर।

कह दे शंकर से, आज करें
वे प्रलय नृत्य फिर एक बार,
सारे भारत में गूँज उठे
हर-हर-बम का फिर महोच्चार
ले अँगड़ाई उठ, हिले धरा
कर निज विराट स्वर में निनाद,
तू शैलराट्! हुंकार भरे, रे,
फट जाय कुहा, भागे प्रमाद।
तू मौन त्याग, कर सिंहनाद,
रे तपी! आज तप का न काल;
नवयुग-शंखध्वनि जगा रही
तू जाग, जाग, मेरे विशाल!

मेरी जननी के हिम-किरीट!
मेरे भारत के दिव्य भाल!
नवयुग-शंखध्वनि जगा रही,
जागो नगपति! जागो विशाल!

वन-फूलों की ओर

[1]

आज न उडु के नील कुंज में स्वप्न खोजने जाऊँगी,
आज चमेली में न चन्द्र-किरणों से चित्र बनाऊँगी;
अधरों में मुसकान न लाली बन कपोल में छाऊँगी;
कवि, किस्मत पर भी न तुम्हारी, आँसू आज बहाऊँगी;
नालन्दा, वैशाली में तुम रुला चुके सौ बार,
धूसर भुवन-स्वर्ग ग्रामों में कर पाई न बिहार।
आज यह राजवाटिका छोड़
चलो कवि! वन-फूलों की ओर।

[2]

चलो, जहाँ निर्जन कानन में वन्य कुसुम मुसकाते हैं,
मलयानिल भूलता, भूलकर जिधर नहीं अलि आते हैं।
कितने दीप बुझे झाड़ी-झुरमुट में ज्योति पसार
चले शून्य में सुरभि छोड़कर कितने कुसुम-कुमार।
कब्र पर मैं कवि! रोऊँगी,
जुगनू-आरती सँजोऊँगी।

[3]

जला मृत्तिका-दीप करूँगी महल छोड़ तृण-कुटी प्रवेश;
तुम गाँवों के बनो भिखारी, मैं भिखारिनी का लूँ वेश।
स्वर्णांचला अहा! खेतों में उतरी संध्या श्यामपरी,
रोमन्थन करती गायें आ रहीं रौंदती घास हरी।
घर-घर से उठ रहा धुआँ, जलते चूल्हे बारी-बारी,
चौपालों में कृषक बैठ गाते–'कहँ अटके वनवारी?'
पनघट से आ रही पीत-वसना युवती सुकुमार,
किसी भाँति ढोती गागर-यौवन का दुर्वह भार!
बनूँगी मैं कवि! इसकी माँग,
कलश, काजल, सिन्दूर, सुहाग।

[4]

वन-तुलसी की गन्ध लिये हलकी पुरवैया आती है,
मन्दिर की घंटा-ध्वनि युग-युग का सन्देश सुनाती है;

टिम-टिम दीपक के प्रकाश में पढ़ते निज पोथी शिशुगन;
परदेशी की प्रिया बैठ गाती यह विरह-गीत उन्मन—
'भैया! लिख दे एक कलम खत मो बालम के जोग,
चारों कोने खेम-कुसल माँझें ठाँ मोर वियोग।'
दूतिका मैं बन जाऊँगी,
सखी! सुधि उन्हें सुनाऊँगी।

[5]

पहन शुक्र का कर्णफूल है दिशा अभी भी मतवाली;
रहते रात रमणियाँ आईं, ले, ले फूलों की डाली;
स्वर्ग-स्रोत, करुणा की धारा, भारत माँ का पुण्य तरल,
भक्ति-अश्रु-धारा-सी निर्मल गंगा बहती है अविरल।
लहर-लहर पर लहराते हैं मधुर प्रभाती गान,
भुवन स्वर्ग बन रहा, उड़े जाते ऊपर को प्राण।
पुजारिन की बन कण्ठ-हिलोर,
भिगो दूँगी अग-जग का छोर।

[6]

कवि! असाढ़ की इस रिमझिम में धन-खेतों में जाने दो;
कृषक-सुन्दरी के स्वर में अटपटे गीत कुछ गाने दो।
दुखियों के केवल उत्सव में इस दम पर्व मनाने दो;
रोऊँगी खलिहानों में, खेतों में तो हर्षाने दो,

मैं बच्चों के संग जरा खेलूँगी दूब-बिछौने पर;
मचलूँगी मैं जरा इन्द्र-धनु के रंगीन खिलौने पर।
तितली के पीछे दौड़ूँगी, नाचूँगी दे-दे ताली;
मैं मकई की सुरभि बनूँगी, पके आम फल की लाली।
वेणु-कुंज में जुगनू बन मैं इधर-उधर मुसकाऊँगी,
हरसिंगार की कलियाँ बनकर वधुओं पर झरड़ जाऊँगी।
सूखी रोटी खाएगा जब कृषक खेत में धरकर हल;
तब दूँगी मैं तृप्ति उसे बनकर लोटे का गंगाजल।
उसके तन का दिव्य स्वेदकण बनकर गिरती जाऊँगी;
और खेत में उन्हीं कणों-से मैं मोती उपजाऊँगी।
शस्य-श्यामता निरख करेगा कृषक अधिक जब अभिलाषा,
तब मैं उसके हृदय-स्रोत में उमड़ूँगी बनकर आशा।
अर्द्धनग्न दम्पती के गृह में मैं झोंका बन आऊँगी,
लज्जित हों न अतिथि-सम्मुख वे, दीपक तुरत बुझाऊँगी।
ऋण-शोधन के लिए दूध-घी बेच-बेच धन जोड़ेंगे,
बूँद-बूँद बेचेंगे, अपने लिए नहीं कुछ छोड़ेंगे।
शिशु मचलेंगे दूध देख, जननी उनको बहलाएगी,
मैं फाड़ूँगी हृदय, लाज से आँख नहीं रो पाएगी।
इतने पर भी धनपतियों की उन पर होगी मार,
तब मैं बरसूँगी बन बेबस के आँसू सुकुमार।
फटेगा भू का हृदय कठोर,
चलो कवि! वन-फूलों की ओर।

प्रीति

प्रीति न अरुण साँझ के घन सखि!
पल-भर चमक बिखर जाते जो
मना कनक-गोधूलि-लगन सखि!
प्रीति न अरुण साँझ के घन सखि!

प्रीति नील, गम्भीर गगन सखि!
चूम रहा जो विनत धरणि को,
निज सुख में नित मूक-मगन सखि!
प्रीति नील, गम्भीर गगन सखि!

प्रीति न पूर्ण चन्द्र जगमग सखि!
जो होता नित क्षीण एक दिन,
विभा-सिक्त करके अग-जग सखि!
प्रीति न पूर्ण चन्द्र जगमग सखि!

दूज-कला यह लघु नभ-नग सखि!
शीत, स्निग्ध, नव रश्मि छिड़कती
बढ़ती ही जाती पग-पग सखि!
दूज-कला यह लघु नभ-नग सखि!

मन की बात न श्रुति से कह सखि!
बोले प्रेम विकल होता है,
अनबोले सारा दुःख सह सखि!
मन की बात न श्रुति से कह सखि!

कितना प्यार? जान मत यह सखि!
सीमा, बन्ध, मृत्यु से आगे
बसती कहीं प्रीति अहरह सखि!
कितना प्यार? जान मत यह सखि!

तृणवत् धधक-धधक मत जल सखि!
ओदी आँच धुनी विरहिनि की,
नहीं लपट की चहल-पहल सखि!
तृणवत् धधक-धधक मत जल सखि!

अन्तर्दाह मधुर मंगल सखि!
प्रीति-स्वाद कुछ ज्ञात उसे जो
सुलग रहा तिल-तिल, पल-पल सखि!
अन्तर्दाह मधुर मंगल सखि!

गीत-अगीत

गीत, अगीत कौन सुन्दर है?

गाकर गीत विरह के तटिनी
वेगवती बहती जाती है,
दिल हलका कर लेने को
उपलों से कुछ कहती जाती है।
तट पर एक गुलाब सोचता–
'देते स्वर यदि मुझे विधाता,

अपने पतझड़ के सपनों का
मैं भी जग को गीत सुनाता।'
गा-गाकर बह रही निर्झरी,
पाटल मूक खड़ा तट पर है।
गीत, अगीत कौन सुन्दर है?

बैठा शुक उस घनी डाल पर
जो खोंते पर छाया देती,
पंख फुला नीचे खोंते में
शुकी बैठ अंडे है सेती।
गाता शुक जब किरण वसन्ती
छूती अंग पर्ण से छनकर,
किन्तु शुकी के गीत उमड़कर
रह जाते सनेह में सनकर।
गूँज रहा शुक का स्वर वन में,
फूला मग्न शुकी का पर है।
गीत, अगीत कौन सुन्दर है?

दो प्रेमी हैं यहाँ, एक जब
बड़े साँझ आल्हा गाता है,
पहला स्वर उसकी राधा को
घर से यहाँ खींच लाता है।
चोरी-चोरी खड़ी नीम की
छाया में छिपकर सुनती है,

'हुई न क्यों मैं कड़ी गीत की
विधना?' यों मन में गुनती है।
        वह गाता, पर किसी वेग से
        फूल रहा इसका अन्तर है।
        गीत, अगीत कौन सुन्दर है?

बालिका से वधू

माथे में सेंदुर पर छोटी
दो बिन्दी चमचम-सी,
पपनी पर आँसू की बूँदें
मोती-सी, शबनम-सी।

लदी हुई कलियों में मादक
टहनी एक नरम-सी।
यौवन की विनती-सी भोली,
गुमसुम खड़ी शरम-सी।

पीला चीर कोर में जिसकी
चकमक गोटा-जाली,
चली पिया के गाँव उमर के
सोलह फूलों वाली।

पी चुपके आनन्द, उदासी
भरे सजल चितवन में,
आँसू में भीगी माया,
चुपचाप खड़ी आँगन में।

आँखों में दे आँख हेरती
हैं उसको जब सखियाँ,
मुस्की आ जाती मुख पर,
हँस देतीं रोती अँखियाँ।

पर, समेट लेती शरमाकर
बिखरी-सी मुस्कान,
मिट्टी उकसाने लगती है
अपराधिनी - समान।

भींग रहा मीठी उमंग से
दिल का कोना-कोना,
भीतर-भीतर हँसी देख लो,
बाहर - बाहर रोना।

तू वह जो झुरमुट पर आई
हँसती कनक-कली-सी,
तू वह जो फूटी शराब की
निर्झरिणी पतली-सी।

तू वह रचकर जिसे प्रकृति
ने अपना किया सिंगार,
तू वह जो धूसर में आई
सबुज रंग की धार।

माँ की ढीठ दुलार! पिता की
ओ लजवन्ती भोली!
ले जाएगी हिया की मणि को
अभी पिया की डोली।

कहो, कौन होगी इस घर की
तब शीतल उजियारी?
किसे देख हँस-हँसकर
फूलेगी सरसों की क्यारी?

वृक्ष रीझकर किसे करेंगे
पहला फल अर्पण-सा?
झुकते किसको देख पोखरा
चमकेगा दर्पण-सा?

किसके बाल ओज भर देंगे
खुलकर मन्द पवन में?
पड़ जाएगी जान देखकर,
किसको चन्द्र-किरण में?

मँह-मँह कर मंजरी गले से,
मिल किसको चूमेगी?
कौन खेत में खड़ी फसल
की देवी-सी झूमेगी?

बनी फिरेगी कौन बोलती
प्रतिमा हरियाली की?
कौन रूह होगी इस धरती
फल-फूलों वाली की?

हँसकर हृदय पहन लेता जब
कठिन प्रेम-जंजीर,
खुलकर तब बजते न सुहागिन!
पाँवों के मंजीर।

घड़ी गिनी जाती तब निशि-भर
उँगली की पोरों पर।
प्रिय की याद झूलती है
साँसों के हिंडोरों पर।

पलती है दिल का रस पीकर
सबसे प्यारी पीर।
बनती और बिगड़ती रहती
पुतली में तस्वीर।

पड़ जाता चसका जब मोहक
प्रेम-सुधा पीने का,
सारा स्वाद बदल जाता है
दुनिया में जीने का।

मंगलमय हो पंथ सुहागिन!
यह मेरा वरदान।
हरसिंगार की टहनी-से
फूलें तेरे अरमान।

जगे हृदय को शीतल करने—
वाली मीठी पीर।
निज को डुबो सके निज में,
मन हो इतना गम्भीर।

छाया करती रहे सदा
तुझको सुहाग की छाँह।
सुख-दुख में ग्रीवा के नीचे
हो प्रियतम की बाँह।

पल-पल मंगल-लग्न, जिन्दगी
के दिन-दिन त्योहार,
उर का प्रेम फूटकर हो,
आँचल में उजली धार।

नारी

खिली भू पर जब से तुम नारि!
कल्पना-सी विधि की अम्लान,
रहे फिर तब से अनु-अनु देवि!
लुब्ध भिक्षुक-से मेरे गान।

तिमिर में ज्योति-कली को देख
सुविकसित, वृन्तहीन, अनमोल,
हुआ व्याकुल सारा संसार,
किया चाहा माया का मोल।

हो उठी प्रतिभा सजग प्रदीप्त,
तुम्हारी छवि ने मारा बाण।
बोलने लगे स्वप्न निर्जीव,
सिहरने लगे सुकवि के प्राण।

लगे रचने निज उर को तोड़,
तुम्हारी प्रतिमा प्रतिमाकार।
नाचने लगी कला चहुँ ओर
भाँवरी दे-दे विविध प्रकार।

ज्ञानियों ने देखा सब ओर,
प्रकृति की नीला का विस्तार,
सूर्य, शशि, उड्डु जिनकी नख-ज्योति,
पुरुष उन चरणों का उपहार।

अगम 'आनन्द-जलधि' में डूब
तृषित 'सत्-चित्' ने पाई पूर्ति।
सृष्टि के नाभि-पद्म पर नारि,
तुम्हारी मिली मधुर रस-मूर्ति।

कुशल-विधि-मानस की नवनीत,
एक लघु दिव-सी हो अवतीर्ण।
कल्पना-सी, माया-सी, दिव्य–
विभा-सी भू पर हुई विकीर्ण।

दृष्टि तुमने फेरी जिस ओर,
गई खिल कमल-पंक्ति अम्लान।
हिंस्र मानव के कर से स्रस्त,
शिथिल गिर गए धनुष औ' बाण।

हो गया मन्दिर दृगों को देख,
सिंह-विजयी बर्बर लाचार।
रूप के एक तन्तु में नारि!
गया बँध मत्त गयन्द-कुमार।

एक चितवन के शर ने देवि!
सिन्धु को बना दिया परिमेय।
विजित हो दृग-मद से सुकुमारि!
झुका पद-तल पर पुरुष अजेय।

कर्मियों ने देखा जब तुम्हें,
टूटने लगे शंभु के चाप।
बेधने चला लक्ष्य गांडीव,
पुरुष के खिलने लगे प्रताप।

हृदय निज फरहादों ने चीर
बहा दी पय की उज्ज्वल धार।
आरती करने को सुकुमारि!
इन्दु को नर ने लिया उतार।

एक इंगित पर दौड़े शूर
कनक-मृग पर होकर हत-ज्ञान।
हुई ऋषियों के तप का मोल,
तुम्हारी एक मधुर मुसकान।

विकल उर को मुरली में फूँक
प्रियक-तरु-छाया में अभिराम,
बजाया हमने कितनी बार,
तुम्हारा मधुमय 'राधा' नाम।

कढ़ीं यमुना से कर तुम स्नान,
पुलिन पर खड़ी हुईं कच खोल,
सिक्त कुन्तल से झरते देवि,
पिये हमने सीकर अनमोल।

तुम्हारे अधरों का रस प्राण!
वासना-तट पर पिया अधीर।
अरी ओ माँ, हमने है पिया
तुम्हारे स्तन का उज्ज्वल क्षीर।

पिया शैशव ने रस-पीयूष,
पिया यौवन ने मधु मकरन्द।
तृषा प्राणों की पर हे देवि!
एक पल को न सकी हो मन्द।

पुरुष पँखुरी को रहा निहार,
अयुत जन्मों से छवि पर भूल।
आज तक जान न पाया नारि!
मोहिनी इस माया का मूल।

न छू सकते जिसको हम देवि!
कल्पना वह तुम अगुण, अमेय,
भावना अन्तर की वह गूढ़,
रही जो युग-युग अकथ अगेय।

तैरतीं स्वप्नों में दिन-रात,
मोहिनी छवि-सी तुम अम्लान,
कि जिसके पीछे-पीछे नारि!
रहे फिर मेरे भिक्षुक गान।

प्रभाती

रे प्रवासी, जाग, तेरे
देश का संवाद आया।

भेदमय सन्देश सुन पुलकित
खगों ने चंचु खोली,
प्रेम से झुक-झुक प्रणति में
पादपों की पंक्ति डोली।

दूर प्राची की तटी से
विश्व के तृण-तृण जगाता,
फिर उदय की वायु का वन--
में सुपरिचित नाद आया।
रे प्रवासी, जाग, तेरे
देश का संवाद आया।

व्योम-सर में हो उठा विकसित
अरुण आलोक शतदल,
चिर-दुखी धरणी विभा में
हो रही आनन्द-विह्वल।
चूमकर प्रति रोम से सिर
पर चढ़ा वरदान प्रभु का,
रश्मि-अंजलि में पिता का
स्नेह-आशीर्वाद आया।
रे प्रवासी, जाग, तेरे
देश का संवाद आया।

सिन्धु-तट का आर्य भावुक
आज जग मेरे हृदय में,
खोजता उद्गम विभा का
दीप्तमुख विस्मित उदय में।
उग रहा जिस क्षितिज-रेखा
से अरुण, उसके परे क्या?

एक भूला देश धूमिल-
सा मुझे क्यों याद आया?
रे प्रवासी, जाग, तेरे
देश का संवाद आया।

रास की मुरली

अभी तक कर पाई न सिंगार;
रास की मुरली उठी पुकार।

गई सहसा किस रस से भींग,
वकुल-वन में कोकिल की तान;
चाँदनी में उमड़ी सब ओर
कहाँ के मद की मधुर उफान।
गिरा चाहता भूमि पर इन्दु,
शिथिलवसना रजनी के संग;

सिहरते पग सकता न सँभाल
कुसुम-कलियों पर स्वयं अनंग।
ठगी-सी रुकी नयन के पास,
लिये अंजन उँगली सुकुमार;
अचानक लगे नाचने मर्म्म,
रास की मुरली उठी पुकार।

रास की मुरली उठी पुकार।
साँझ तक तो पल गिनती रही,
कहीं तब डूब सका दिनमान;
आँजने जिस क्षण बैठी आँख,
मधुर वेला पहुँची यह आन।
सुहागिनियों में चुनकर एक
मुझे ही भूल गए क्या श्याम?
बुलाने को न बजाया आज
बाँसुरी में दुखिया का नाम।
बिताऊँ आज रैन किस भाँति?
पिन्हाऊँ किसे यूथिका-हार?
धरूँ कैसे घर बैठे धीर?
रास की मुरली उठी पुकार।

रास की मुरली उठी पुकार!
उठी उर में कोमल हिल्लोल
मोहिनी मुरली का सुर नाद;

लगा करने कैसे तो हृदय,
पड़ी जानें कैसी कुछ याद!
सकूँगी कैसे स्वयं सँभाल
तरंगित यौवन का रसवाह?
ग्रन्थि के ढीले कर सब बन्ध
नाचने को आकुल है चाह।
डोलती श्लथ कटि-पट के संग,
खुली रशना करती झनकार;
ना दे पाई कंकन में कील,
रास की मुरली उठी पुकार।

रास की मुरली रही पुकार।
छोड़ दौड़ो सब साज-सिंगार,
रास की मुरली रही पुकार।
अरी भोली मानिनि! इस रात
विनय-आदर का नहीं विधान;
अनामन्त्रित अर्पण कर देह
पूर्ण करना होगा बलिदान।
आज द्रोही जीवन का पर्व,
नग्न उल्लासों का त्योहार;
आज केवल भावों का लग्न,
आज निष्फल सारे शृंगार।
अलक्तक-पद का आज न श्रेय,
न कुंकुम की बिंदी अभिराम;
न सोहेगा अधरों में राग,

लोचनों में अंजन घनश्याम।
हृदय का संचित रंग उँडेल,
सजा नयनों में अनुपम राग
भींगकर नख-शिख तक सुकुमारि,
आज कर लो निज सुफल सुहाग।
पहनकर केवल मादक रूप
किरण-वसना परियों-सी नग्न;
नीलिमा में हो जाओ बाल,
तारिकामयी प्रकृति-सी मग्न।
यूथिका के ये फूल बिखेर
पुजारिनि! बनो स्वयं उपहार;
पिन्हा बाँहों के मृदुल मृणाल
देवता की ग्रीवा का हार।
खोल बाँहें आलिंगन हेतु
खड़ा संगम पर प्राणाधार;
तुम्हें कंकन-कुंकुम का मोह,
और यह मुरली रही पुकार।

रास की मुरली रही पुकार।
महालय का यह मंगल-काल,
आज भी लज्जा का व्यवधान?
तुम्हें तनु पर यदि नहीं प्रतीति,
भेज दो अपने आकुल प्रान।
कहीं हो गया द्विधा में शेष
आज मोहन का मादक रास;

सफल होगा फिर कब सुकुमारि,
तुम्हारे यौवन का मधुमास?

रही बज आमन्त्रण के राग
श्याम की मुरली नित्य-नवीन;
विकल-सी दौड़-दौड़ प्रति काल
सरित हो रही सिन्धु में लीन।
रहा उड़ तज फेनिल अस्तित्व,
रूप पल-पल अरूप की ओर,
तीव्र होता ज्यों-ज्यों जयनाद,
बढ़ा जाता मुरली का रोर।
सनातन महानन्द में आज
बाँसुरी-कंकन एकाकार;
बहा जा रहा अचेतन विश्व,
रास की मुरली रही पुकार।

अन्तिम मनुष्य

सारी दुनिया उजड़ चुकी है, गुजर चुका है मेला;
ऊपर है बीमार सूर्य, नीचे मैं मनुज अकेला।
बाल-उमंगों से देखा था मनु ने जिसे उभरते,
आज देखना मुझे बदा था उसी सृष्टि को मरते।

वृद्ध सूर्य की आँखों पर माँड़ी-सी चढ़ी हुई है,
दम तोड़ती हुई बुढ़िया-सी दुनिया पड़ी हुई है।

कहीं नहीं गढ़, ग्राम, बगीचों का है शेष नमूना,
चारों ओर महा मरघट है, सब है सूना-सूना।

कौमों के कंकाल झुण्ड के झुण्ड अनेक पड़े हैं;
ठौर-ठौर पर जीव-जन्तु के अस्थि-पुंज बिखरे हैं।
घर में सारे गृही गए मर, पथ में सारे राही,
रण के रोगी जूझ मरे खेतों में सभी सिपाही।

कहीं आग से, कहीं महामारी से, कहीं कलह से,
गरज कि पूरी उजड़ चुकी है दुनिया सभी तरह से।
अब तो कहीं नहीं जीवन की आहट भी आती है;
हवा दमे की मारी कुछ चलकर ही थक जाती है।

किरण सूर्य की क्षीण हुई जाती है बस दो पल में,
दुनिया की आखिरी रात छा जाएगी भूतल में।
कोटि-कोटि वर्षों का क्रममय जीवन खो जाएगा,
मनु का वंश बुझेगा, अन्तिम मानव सो जाएगा।

आह सूर्य! हम-तुम जुड़वें थे निकले साथ तिमिर से,
होंगे आज विलीन साथ ही अन्धकार में फिर से।
सच है, किया निशा ने मानव का आधा मन काला,
पर, आधे पर सदा तुम्हारा ही चमका उजियाला।

हममें अगणित देव हुए थे, अगणित हुए दनुज भी,
सब कुछ मिला-जुलाकर लेकिन हम थे सदा मनुज ही।

हत्या भी की और दूसरों के हित स्वयं मरे भी,
सच है, किया पाप, लेकिन, प्रभु से हम सदा डरे भी।

तब भी स्वर्ग कहा करता था, 'धरती बड़ी मलिन है,
मर्त्य-लोकवासी मनुजों की जाति बड़ी निर्धिन है।'
निर्धिन थे हम, क्योंकि राग से था संघर्ष हमारा,
पलता था पंचाग्नि-बीच व्याकुल आदर्श हमारा।

हाय, घ्राण ही नहीं, तुझे यदि होता मांस-लहू भी,
ओ स्वर्गवासी अमर! मनुज-सा निर्धिन होता तू भी।
काश, जानता तू कितना धमनी का लहू गरम है,
चर्म-तृषा दुर्जेय, स्पर्श-सुख कितना मधुर नरम है।

ज्वलित पिण्ड को हृदय समझकर ताप सदा सहते थे,
पिघली हुई आग की नस में, हम लोहू कहते थे।
मिट्टी नहीं, आग का पुतला, मानव कहाँ मलिन था?
ज्वाला से लड़ने वाला यह वीर कहाँ निर्धिन था?

हममें बसी आग यह छिपती फिरती थी नस-नस में,
वशीभूत थी कभी, कभी हम ही थे उसके बस में।
वह संगिनी शिखा भी होगी मुझसे आज किनारा,
नाचेगी फिर नहीं लहू में गलित अग्नि की धारा।

अन्धकार के महागर्त्त में सब कुछ सो जाएगा,
सदियों का इतिवृत्त अभी क्षण भर में खो जाएगा।

लोभ, क्रोध, प्रतिशोध, कलह की लज्जा-भरी कहानी,
पाप-पंक धोने वाला आँखों का खारा पानी,

अगणित आविष्कार प्रकृति के रूप जीतने वाले,
समरों की असंख्य गाथाएँ, नर के शौर्य निराले,
संयम, नियम, विरति मानव की, तप की ऊर्ध्व शिखाएँ,
उन्नति और विकास, विजय की क्रमिक स्पष्ट रेखाएँ,

होंगे सभी विलीन तिमिर में, हाय अभी दो पल में,
दुनिया की आखिरी रात छा जाएगी भूतली में।
डूब गया लो सूर्य; गई मुँद केवल आँख भुवन की,
किरण साथ ही चली गई अन्तिम आशा जीवन की।

सब कुछ गया; महा मरघट में मैं हूँ खड़ा अकेला,
या तो चारों ओर तिमिर है, या मुरदों का मेला।
लेकिन, अन्तिम मनुज प्रलय से अब भी नहीं डरा है,
एक अमर विश्वास ज्योति-सा उसमें अभी भरा है।

आज तिमिर के महागर्त्त में वह विश्वास जलेगा,
खुद प्रशस्त होगा पथ, निर्भय मनु का पुत्र चलेगा।
निरावरण हो जो त्रिभुवन में जीवन फैलाता है,
वही देवता आज मरण में छिपा हुआ आता है।

देव, तुम्हारे रुद्र रूप से निखिल विश्व डरता है,
विश्वासी नर एक शेष है, जो स्वागत करता है।

आओ खोलो जटा जाल, जिह्वा लेलिह्य पसारे,
अनल-विशिख-तूणीर सँभाले, धनुष ध्वंस का धारे।

'जय हो', जिनके कर-स्पर्श से आदि पुरुष थे जागे,
सोएगा अन्तिम मानव भी आज उन्हीं के आगे।

प्रतीक्षा

अचेतन मृत्ति, अचेतन शिला।

[1]

रुक्ष दोनों के बाह्य स्वरूप,
दृश्य-पट दोनों के श्रीहीन;
देखते एक तुम्हीं वह रूप
जो कि दोनों में व्याप्त विलीन,

ब्रह्म में जीव, वारि में बूँद,
जलद में जैसे अगणित चित्र।

[2]

ग्रहण करती निज सत्य-स्वरूप
तुम्हारे स्पर्शमात्र से धूल,
कभी वन जाती घट साकार,
कभी रंजित, सुवासमय फूल।
और यह खिला-खण्ड निर्जीव,
शाप से पाता-सा उद्धार,
शिल्पि, हो जाता पाकर स्पर्श
एक पल में प्रतिमा साकार।
तुम्हारी साँसों का यह खेल,
जलद में बनते अगणित चित्र।

[3]

मृत्ति, प्रस्तर मेघों का पुंज
लिये मैं देख रहा हूँ राह,
कि शिल्पी आएगा इस ओर
पूर्ण करने कब मेरी चाह।
खिलेंगे किस दिन मेरे फूल?
प्रकट होगी कब मूर्ति पवित्र?

और मेरे नभ में किस रोज
जलद विहरेंगे बनकर चित्र?
शिल्पि, जो मुझमें व्याप्त, विलीन,
किरण वह कब होगी साकार?

व्याल-विजय

झूमे जहर चरण के नीचे, मैं उमंग में गाऊँ,
तान, तान फण व्याल, कि तुझ पर मैं बाँसुरी बजाऊँ।

[1]

यह बाँसुरी बजी माया के मुकुलित आकुंचन में,
यह बाँसुरी बजी अविनाशी के संवेश गहन में;
अस्तित्वों के अनस्तित्व में, महाशान्ति के तल में,
यह बाँसुरी बजी शून्यासन की समाधि निश्चल में।

कम्पहीन तेरे समुद्र में जीवन-लहर उठाऊँ,
तान, तान फण व्याल, कि तुझ पर मैं बाँसुरी बजाऊँ।

[2]

अक्षय-वट पर बजी बाँसुरी, गगन मगन लहराया,
दल पर विधि को लिये जलधि में नाभि-कमल उग आया।
जन्मी नव चेतना, सिहरने लगे तत्त्व चलदल-से,
स्वर का ले अवलम्ब भूमि निकली प्लावन के जल से।
अपने आर्द्र वसन की वसुधा को फिर याद दिलाऊँ,
तान, तान फण व्याल, कि तुझ पर मैं बाँसुरी बजाऊँ।

[3]

फूली सृष्टि नाद-बन्धन पर, अब तक फूल रही है,
बंसी के स्वर के धागे में धरती झूल रही है।
आदि छोर पर जो स्वर फूँका, पहुँचा अन्त तलक है,
तार-तार में गूँज गीत की, कण-कण बीच झलक है।
आलापों पर उठा जगत को भर-भर पेंग झुलाऊँ
तान, तान फण व्याल, कि तुझ पर मैं बाँसुरी बजाऊँ।

[4]

जगमग ओस-बिन्दु गुँथ जाते साँसों के तारों में,
गीत बदल जाते अनजाने मोती के हारों में।

जब-जब उठता नाद, मेघ मंडलाकार घिरते हैं,
आस-पास बंसी के गीले इन्द्रधनुष तिरते हैं,
बाँधूँ मेघ कहाँ बंसी पर? सुरधनु कहाँ सजाऊँ?
तान, तान फण व्याल, कि तुझ पर मैं बाँसुरी बजाऊँ।

[5]

इस बंसी के मधुर नाद पर माया डोल चुकी है,
पटावरण कर दूर भेद अन्तर का खोल चुकी है।
झूम चुकी है प्रकृति चाँदनी में मादक गानों पर,
नचा चुका हूँ महानर्तकी को इसकी तानों पर।
विषवर्षी पर अमृतवर्षिणी का जादू दिखलाऊँ,
तान, तान फण व्याल, कि तुझ पर मैं बाँसुरी बजाऊँ।

[6]

उड़े नाद के जो कण ऊपर, वे बन गए सितारे,
जो नीचे रह गए, कहीं हैं फूल, कहीं अंगारे।
भींगे अधर कभी बंसी के शीतल गंगाजल से,
कभी प्राण तक झुलस उठे हैं इसके हालाहल से।
शीतलता पीकर प्रदाह से कैसे हृदय चुराऊँ?
तान, तान फण व्याल, कि तुझ पर मैं बाँसुरी बजाऊँ।

[7]

यह बाँसुरी बजी, मधु के सोते फूटे मधुवन में,
यह बाँसुरी बजी, हरियाली दौड़ गई कानन में।

यह बाँसुरी बजी, प्रत्यागत हुए विहंग गगन से,
यह बाँसुरी बजी, सट कर विधु चलने लगा भुवन से।
अमृत-सरोवर में धो-धो तेरा भी जहर बहाऊँ,
तान, तान फण व्याल, कि तुझ पर मैं बाँसुरी बजाऊँ।

[8]

यह बाँसुरी बजी पनघट पर कालिन्दी के तट में,
यह बाँसुरी बजी मुरदों के आसन पर मरघट में।
बजी निशा के बीच आलुलायित केशों के तम में,
बजी सूर्य के साथ यही बाँसुरी रक्त-कर्दम में।
कालियदह में मिले हुए विष को पीयूष बनाऊँ,
तान, तान फण व्याल, कि तुझ पर मैं बाँसुरी बजाऊँ।

[9]

फूँक-फूँक विष लपट, उगल जितना हो जहर हृदय में,
यह बंसी निर्गरल, बजेगी सदा क्षान्ति की लय में।
पहचाने किस तरह भला तू निज विष का मतवाला?
मैं हूँ साँपों की पीठों पर कुसुम लादनेवाला।
विषदह से चल निकल, फूल से तेरा अंग सजाऊँ,
तान, तान फण व्याल, कि तुझ पर मैं बाँसुरी बजाऊँ।

[10]

ओ शंका के व्याल! देख मत मेरे श्याम वदन को,
चक्षुःश्रवा! श्रवण कर बंसी के भीतर के स्वन को।

जिसने दिया तुझे विष, उसने मुझको गान दिया है,
ईर्ष्या तुझे उसी ने मुझको भी अभिमान दिया है।
इस आशीष के लिए भाग्य पर क्यों न अधिक इतराऊँ?
तान, तान फण व्याल, कि तुझ पर मैं बाँसुरी बजाऊँ।

[11]

विषधारी! मत डोल कि मेरा आसन बहुत कड़ा है,
कृष्ण आज लघुता में भी साँपों से बहुत बड़ा है।
आया हूँ बाँसुरी-बीच उद्धार लिये जनगण का,
फण पर तेरे खड़ा हुआ हूँ भार लिये त्रिभुवन का।
बढ़ा, बढ़ा नासिका, रन्ध्र में मुक्ति-सूत्र पहनाऊँ,
तान, तान फण व्याल, कि तुझ पर मैं बाँसुरी बजाऊँ।

नील कुसुम

'है यहाँ तिमिर, आगे भी ऐसा ही तम है,
तुम नील कुसुम के लिए कहाँ तक जाओगे?
जो गया, आज तक नहीं कभी वह लौट सका,
नादान मर्द! क्यों अपनी जान गँवाओगे?

प्रेमिका? अरे, उन शोख बुतों का क्या कहना!
वे तो यों ही उन्माद जगाया करती हैं;
पुतली से लेतीं बाँध प्राण की डोर प्रथम,
पीछे चुम्बन पर कैद लगाया करती हैं।

इनमें से किसने कहा, चाँद से कम लूँगी?
पर, चाँद तोड़ कर कौन मही पर लाया है?
किसके मन की कल्पना गोद में बैठ सकी?
किसका जहाज फिर देश लौट कर आया है?'

ओ नीतिकार! तुम झूठ नहीं कहते होगे,
बेकार मगर, पागलों को ज्ञान सिखाना है,
मरने का होगा खौफ, मौत की छाती में,
जिसको अपनी जिन्दगी ढूँढ़ने जाना है?

औ' सुना कहाँ तुमने की जिन्दगी कहते हैं,
सपनों ने देखा जिसे, उसे पा जाने को?
इच्छाओं की मूर्तियाँ घूमतीं जो मन में,
उनको उतार मिट्टी पर गले लगाने को?

जिन्दगी, आह! वह एक झलक रंगीनी की,
नंगी उँगली जिसको न कभी छू पाती है,
हम जभी हाँफते हुए चोटियों पर चढ़ते,
वह खोल पंख चोटियाँ छोड़ उड़ जाती हैं।

रंगीनी की वह एक झलक, जिसके पीछे
है मची हुई आपा-धापी मस्तानों में,
वह एक दीप जिसके पीछे हैं डूब रहीं
दीवानों की किश्तियाँ कठिन तूफानों में।

डूबती हुई किश्तियाँ! और यह किलकारी!
ओ नीतिकार! क्या मौत इसी को कहते हैं?
है यही खौफ, जिससे डरकर जीनेवाले
पानी से अपना पाँव समेटे रहते हैं?

जिन्दगी गोद में उठा-उठा हलराती है
आशाओं की भीषिका झेलनेवालों को;
औ' बड़े शौक से मौत पिलाती है जीवन,
अपनी छाती से लिपट खेलनेवालों को।

तुम लाशें गिनते रहे खोजनेवालों की,
लेकिन, उनकी असलियत नहीं पहचान सके;
मुरदों में केवल यही जिन्दगीवाले थे,
जो फूल उतारे बिना लौट कर आ न सके।

हो जहाँ कहीं भी नील कुसुम की फुलवारी,
मैं एक फूल तो किसी तरह ले जाऊँगा,
जूड़े में जब तक भेंट नहीं यह बाँध सकूँ,
किस तरह प्राण की मणि को गले लगाऊँगा?

द्वन्द्व गीत

अधर-सुधा से सींच, लता में कटुता कभी न आएगी,
हँसनेवाली कली एक दिन हँसकर ही झर जाएगी।
जाग रहे चुम्बन में तो क्यों नींद न स्वप्न मधुर होगी?
मादकता पीकर जीवन की मृत्यु मधुर बन जाएगी।

और नहीं तो क्यों गुलाब की गमक रही सूखी डाली?
सुरा बिना पीते मस्ताने धो-धो क्यों टूटी प्याली?
उगा अरुण प्राची में तो क्यों दिशा प्रतीची जाग उठी?
चूमा इस कपोल पर, उस पर कैसे दौड़ गई लाली?

रति अनंग-शासित धरणी यह, ठहर पथिक, मधु रस पी ले;
इन फूलों की छाँह जुड़ा ले, कर ले शुष्क अधर गीले;
आज सुमन-मण्डप में सोकर परदेसी! निज श्रान्ति मिटा;
चरण थके होंगे, तेरे पथ बड़े अगम, ऊँचे टीले।

कुसुम-कुसुम में प्रखर वेदना, नयन-अधर में शाप यहाँ।
चन्दन में कामना-वह्नि, विधु में चुम्बन का ताप यहाँ।
उर-उर में बंकिम धनु, दृग-दृग में फूलों के कुटिल विशिख;
यह पीड़ा मधुमयी, मनुज बिंधता आ अपने-आप यहाँ।

यहाँ लता मिलती तरु से मधु कलियाँ हमें पिलाती हैं,
पीती ही रहतीं यौवन-रस, आँखें नहीं अघाती हैं।
कर्मभूमि के थके श्रमिक को इस निकुंज की मधुबाला
एक घूँट में श्रान्ति मिटाकर बेसुध, मत्त बनाती है।

यात्री हूँ अति दूर देश का, पल-भर यहाँ ठहर जाऊँ,
थका हुआ हूँ, सुन्दरता के साथ बैठ मन बहलाऊँ,
एक घूँट बस और, हाय रे, ममता छोड़ चलूँ कैसे?
दूर देश जाना है, लेकिन, यह सुख रोज कहाँ पाऊँ?

'दूर देश'—हाँ, ठीक, याद है, यह तो मेरा देश नहीं;
इससे होकर चलो, यहीं तक रुकने का आदेश नहीं।
बजा शंख, कारवाँ चला, साकी, दे विदा, चलूँ मैं भी,
कभी-कभी हम गिन पाते हैं, प्रिये! मीन या मेष नहीं।

उमड़ चली यमुना प्राणों की, हेम-कुम्भ भर जाओ तो;
भूले भी आ कभी तीर पर नूपुर सजनि! बजाओ तो।
तनिक ठहर तट से झुक देखो, मुझमें किसका बिम्ब पड़ा?
नील वारि को अरुण करो, चरणों का राग बहाओ तो।

दौड़-दौड़ तट से टकरातीं लहरें लघु रो-रो सजनी!
इन्हें देख लेने दो जी भर, मुख न अभी मोड़ो सजनी!
आज प्रथम संध्या सावन की इतनी भी तो करो दया,
कागज की नौका में धीरे एक दीप छोड़ो सजनी!

अब न देख पाता कुछ भी यह भक्त विकल, आतुर तेरा,
आठों प्रहर झूलता रहता दृग में श्याम चिकुर तेरा।
अर्थ ढूँढ़ते जो पद में, मैं क्या उनको निर्देश करूँ?
चरण-चरण में एक नाद, बजता केवल नूपुर तेरा।

बोल, दाह की कोयल मेरी, बोल दहकती डारों पर,
अर्द्ध-दग्ध तरु की फुनगी पर, निर्जल-सरित-कगारों पर।
अमृत-मन्त्र का पाठ कभी मायाविनि! मृषा नहीं होता,
उगी जा रहीं नई कोंपलें तेरी मधुर पुकारों पर।

दृग में सरल ज्योति पावन, वाणी में अमृत सरस क्या है?
ताप-विमोचन कुछ अमोघ गुणमय यह मधुर परस क्या है?
धूल-रचित प्रतिमे! तुम भी तो मर्त्यलोक की एक कली,
ढूँढ़ रहा फिर यहाँ विरम मेरा मन चकित, विवश क्या है?

चिर-जाग्रत वह शिखा, जला तू गई जिसे मंगल क्षण में;
नहीं भूलती कभी, कौंध जो विद्युत् समा गई वन में।
बल समेट यदि कभी देवता के चरणों में ध्यान लगा;
चिकुर-जाल से घिरा चन्द्रमुख सहसा घूम गया मन में।

हेर थका तू भेद, गगन पर क्यों उडु-राशि चमकती है?
देख रहा मैं खड़ा, मग्न आँखों की तृषा न छकती है।
मैं प्रेमी, तू ज्ञान-विशारद, मुझमें, तुझमें भेद यही,
हृदय देखता उसे, तर्क से बुद्धि न जिसे समझती है।

उसे पूछ विस्मृति का सुख क्या, लगा घाव गम्भीर जिसे,
जग से दूर हटा ले बैठी दिल की प्यारी पीर जिसे।
जागरूक ज्ञानी बनकर जो भेद नहीं तू जान सका,
पूछ, बताएगा, फूलों की बाँध चुकी जंजीर जिसे।

नया मनुष्य

पूर्वयुग-सा आज का जीवन नहीं लाचार,
आ चुका है दूर द्वापर से बहुत संसार;
यह समय विज्ञान का, सब भाँति पूर्ण, समर्थ;
खुल गए हैं गूढ़ संसृति के अमित गुरु अर्थ।

चीरता तम को, सँभाले बुद्धि की पतवार,
आ गया है ज्योति की नव भूमि में संसार।
आज की दुनिया विचित्र, नवीन;
प्रकृति पर सर्वत्र है विजयी पुरुष आसीन।

हैं बँधे नर के करों में वारि, विद्युत्, भाप,
हुक्म पर चढ़ता-उतरता है पवन का ताप।
हैं नहीं बाकी कहीं व्यवधान,
लाँघ सकता नर सरित्, गिरि, सिन्धु, एक समान।

शीश पर आदेश कर अवधार्य,
प्रकृति के सब तत्त्व करते हैं मनुज के कार्य;
मानते हैं हुक्म मानव का महा वरुणेश,
और करता शब्दगुण अम्बर वहन संदेश।

नव्य नर की मुष्टि में विकराल,
हैं सिमटते जा रहे प्रत्येक क्षण दिक्काल।
यह प्रगति निस्सीम! नर का यह अपूर्व विकास!
चरण-तल भूगोल! मुट्ठी में निखिल आकाश!

किन्तु, है बढ़ता गया मस्तिष्क ही निःशेष,
छूट कर पीछे गया है रह हृदय का देश;
नर मनाता नित्य नूतन बुद्धि का त्योहार,
प्राण में करते दुखी हो देवता चीत्कार।

चाहिए उनको न केवल ज्ञान,
देवता हैं माँगते कुछ स्नेह, कुछ बलिदान;
मोम-सी कोई मुलायम चीज
ताप पाकर जो उठे मन में पसीज-पसीज।

प्राण के झुलसे विपिन में फूल कुछ सुकुमार,
ज्ञान के मरु में सुकोमल भावना की धार;
चाँदनी की रागिनी, कुछ भोर की मुसकान,
नींद में भूली हुई बहती नदी का गान।

रंग में घुलता हुआ खिलती-कली का राज,
पत्तियों पर गूँजती कुछ ओस की आवाज;
आँसुओं में दर्द की गलती हुई तस्वीर,
फूल की, रस में बसी-भींगी हुई, जंजीर।

धूम, कोलाहल, थकावट, धूल के उस पार,
शीत जल से पूर्ण कोई मन्दगामी धार;
वृक्ष के नीचे जहाँ मन को मिले विश्राम,
आदमी काटे जहाँ कुछ छुट्टियाँ, कुछ शाम।

कर्म-संकुल लोक-जीवन से समय कुछ छीन,
हो जहाँ पर बैठ नर कुछ पल स्वयं में लीन–
फूल-सा एकान्त में उर खोलने के हेतु,
शाम को दिन की कमाई तोलने के हेतु।
ले चुकी सुख-भाग समुचित से अधिक है देह,
देवता हैं माँगते मन के लिए लघु गेह।

हाय रे मानव, नियति के दास!
हाय रे मनुपुत्र, अपना आप ही उपहास!
प्रकृति की प्रच्छन्नता को जीत,
सिन्धु से आकाश तक सबको किये भयभीत।

सृष्टि को निज बुद्धि से करता हुआ परिमेय,
चीरता परमाणु की सत्ता असीम, अजेय;
बुद्धि के पवमान में उड़ता हुआ असहाय,
जा रहा तू किस दिशा की ओर को निरुपाय?

लक्ष्य क्या? उद्देश्य क्या? क्या अर्थ?
यह नहीं यदि ज्ञात तो विज्ञान का श्रम व्यर्थ।

सुन रहा आकाश चढ़ ग्रह-तारकों का नाद,
एक छोटी बात ही पड़ती न तुझको याद;
एक छोटी, एक सीधी बात,
विश्व में छाई हुई है वासना की रात!

वासना की यामिनी, जिसके तिमिर से हार,
हो रहा नर भ्रान्त अपना आप ही आहार;
बुद्धि में नभ की सुरभि, तन में रुधिर की कीच,
यह वचन से देवता, पर, कर्म से पशु नीच।

यह मनुज, जिसका गगन में जा रहा है यान,
काँपते जिसके करों को देख कर परमाणु;
खोल कर अपना हृदय गिरि, सिन्धु, भू, आकाश
हैं सुना जिसको चुके निज गुह्यतम इतिहास।

खुल गए परदे, रहा अब क्या यहाँ अज्ञेय?
किन्तु, नर को चाहिए नित विघ्न कुछ दुर्जेय;

सोचने को और करने को नया संघर्ष,
नव्य जय का क्षेत्र, पाने को नया उत्कर्ष।

पर, धरा सुपरीक्षिता, विश्लिष्ट, स्वाद-विहीन,
यह पढ़ी पोथी न दे सकती प्रवेग नवीन;
एक लघु हस्तामलक यह भूमि-मण्डल गोल,
मानवों ने पढ़ लिये सब पृष्ठ जिसके खोल।

किन्तु, नर-प्रज्ञा सदा गतिशालिनी, उद्दाम,
ले नहीं सकती कहीं रुक एक पल विश्राम।

यह परीक्षित भूमि, यह पोथी पठित, प्राचीन
सोचने को दे उसे अब बात कौन नवीन?
यह लघुग्रह भूमिमण्डल, व्योम यह संकीर्ण,
चाहिए नर का नया कुछ और जग विस्तीर्ण।

घुट रही नर-बुद्धि की है साँस,
चाहती वह कुछ बड़ा जग, कुछ बड़ा आकाश;
यह मनुज, जिसके लिए लघु हो रहा भूगोल,
अपर-ग्रह-जय की तृषा जिसमें उठी है बोल।

यह मनुज विज्ञान में निष्णात,
जो करेगा स्यात्, मंगल और विधु से बात।

यह मनुज, ब्रह्माण्ड का सबसे सुरम्य प्रकाश,
कुछ छिपा सकते न जिससे भूमि या आकाश;

यह मनुज जिसकी शिखा उद्दाम,
कर रहे जिसको चराचर भक्तियुक्त प्रणाम।

यह मनुज जो सृष्टि का शृंगार,
ज्ञान का, विज्ञान का, आलोक का आगार।

पर, सको सुन तो सुनो, मंगल-जगत् के लोग!
तुम्हें छूने को रहा जो जीव कर उद्योग–
वह अभी पशु है; निरा पशु, हिंस्र, रक्त-पिपासु,
बुद्धि उसकी दानवी है स्थूल की जिज्ञासु।

'व्योम से पाताल तक सब कुछ इसे है ज्ञेय'
पर, न यह परिचय मनुज का, यह न उसका श्रेय;
श्रेय उसका, बुद्धि पर चैतन्य उर की जीत,
श्रेय मानव की असीमित मानव से प्रीत।

एक नर से दूसरे के बीच का व्यवधान
तोड़ दे जो, बस वही ज्ञानी, वही विद्वान,
और मानव भी वही, जो जीव बुद्धि-अधीर
तोड़ता अणु ही, न इस व्यवधान का प्राचीर।

वह नहीं मानव; मनुज से उच्च, लघु या भिन्न,
चित्र-प्राणी है किसी अज्ञात ग्रह का छिन्न;
स्यात्, मंगल या सनिचर लोक का अवदान,
अजनबी करता सदा अपने ग्रहों का ध्यान।

यह मनुज, जो ज्ञान का आगार!
यह मनुज, जो सृष्टि का शृंगार!

नाम सुन भूलो नहीं, सोचो-विचारो कृत्य,
यह मनुज, संहार-सेवी, वासना का भृत्य;
छद्म इसकी कल्पना, पाषण्ड इसका ज्ञान,
यह मनुष्य, मनुष्यता का घोरतम अपमान।

कड़कता उसमें किसी का जब कभी अभिमान,
फूँकने लगते सभी, हो मत्त, मृत्यु-विषाण।
यह मनुज ज्ञानी, शृगालों, कुक्करों से हीन–
हो, किया करता अनेक क्रूर कर्म मलीन।

देह ही लड़ती नहीं, हैं जूझते मन-प्राण,
साथ होते ध्वंस में इसके कला-विज्ञान;
इस मनुज के हाथ से विज्ञान के भी फूल,
वज्र होकर छूटते शुभ धर्म अपना भूल।

रसवती भू के मनुज का श्रेय,
यह नहीं विज्ञान, विद्या-बुद्धि यह आग्नेय;
विश्व-दाहक, मृत्यु-वाहक, सृष्टि का संताप,
भ्रान्त पथ पर अन्ध बढ़ते ज्ञान का अभिशाप।

भ्रमित प्रज्ञा का कुतुक यह इन्द्रजाल विचित्र,
श्रेय मानव के न, आविष्कार से अपवित्र।

सावधान मनुष्य, यदि विज्ञान है तलवार,
तो इसे दे फेंक, तज कर मोह स्मृति के पार;
हो चुका है सिद्ध, है तू शिशु अभी अज्ञान,
फूल-काँटों की तुझे कुछ भी नहीं पहचान।

खेल सकता तू नहीं ले हाथ में तलवार।
काट लेगा अंग, तीखी है बड़ी यह धार।

ooo